BEI GRIN MACHT SICH IHR
WISSEN BEZAHLT

Adalbert Stifter

Der Condor

Studien von Adalbert Stifter

GRIN Verlag

Bibliografische Information der Deutschen Nationalbibliothek:

Die Deutsche Bibliothek verzeichnet diese Publikation in der Deutschen National-
bibliografie; detaillierte bibliografische Daten sind im Internet über http://dnb.d-
nb.de/ abrufbar.

Impressum:

Copyright © 2008 GRIN Verlag GmbH
Druck und Bindung: Books on Demand GmbH, Norderstedt Germany
ISBN: 978-3-640-23455-4

Dieses Buch bei GRIN:

http://www.grin.com/de/e-book/120154/der-condor

GRIN - Your knowledge has value

Der GRIN Verlag publiziert seit 1998 wissenschaftliche Arbeiten von Studenten, Hochschullehrern und anderen Akademikern als eBook und gedrucktes Buch. Die Verlagswebsite www.grin.com ist die ideale Plattform zur Veröffentlichung von Hausarbeiten, Abschlussarbeiten, wissenschaftlichen Aufsätzen, Dissertationen und Fachbüchern.

Besuchen Sie uns im Internet:

http://www.grin.com/

http://www.facebook.com/grincom

http://www.twitter.com/grin_com

Adalbert Stifter

Der Condor

[Studien von Adalbert Stifter, erstmalig erschienen 1864]

Inhaltsverzeichnis

1. Ein Nachtstück.

Um zwei Uhr einer schönen Junimondnacht ging ein Kater längs des Dachfirstes und schaute in den Mond. Das eine seiner Augen, von dem Strahle des Nachtgestirnes schräg getroffen, erglänzte, wie ein grüner Irrwisch, das andere war schwarz, wie Küchenpech, und so glotzte er zuletzt, am Ende der Dachkante ankommend, bei einem Fenster hinein – und ich heraus. Die großen freundlichen Räder seiner Augen auf mich heftend, schien er befremdlich fragen zu wollen: „Was ist denn das, du lieber alter Spiel- und Stubengenosse, daß du heute in die späte Nacht dein Gesicht zum Fenster hinaushältst, das sonst immer roth und gesund auf dem weißen Kissen lag und ruhig schlummerte, wenn ich bei meinen Nachtgängen gelegentlich vorbeikam und hineinschaute?"

„Ei, Trauter," erwiederte ich ihm auf die stumme Frage, „die Zeiten haben sich nun einmal sehr geändert, das siehst du; – die weißen Kissen liegen unzerknittert dort auf dem Bettgestelle, und der Vollmond malt die lieblich flirrenden Fensterscheiben darauf, statt daß er in mein schlummerndes Angesicht schiene, welches Gesicht ich dafür da am Simse in die Nacht hinaushalten muß, um damit schon durch drei Viertheile derselben auf den Himmel zu schauen; denn an demselben wird heute das seltenste und tollste Gestirn emporsteigen, was er je gesehen. Es wird zwar nicht leuchten, aber wenn nach Verdienst gerichtet würde, so ist etwas in ihm, das strahlenreicher ist, als der Mond und alle Sterne zusammengerechnet, deine glänzenden Augen nicht ausgenommen, Verehrtester."

So sagte ich ungefähr zu dem Kater, er aber drehte seine Augen, als verstände er meine Rede, noch einmal so groß und noch einmal so freundlich gegen mich, daß sie wie Glimmerscheiben leuchteten, und die Seite seines weichen Felles gegen meine Hand krümmend und stemmend, hob er sofort sein traulich Spinnen an, während ich fortfuhr, mit ihm zu kosen: „Man sieht viel in einer langen Mondnacht, das wirst du wissen, Lieber, wenn du sonst Beobachtungsgeist besitzest; aber siehe, ich wußte es nicht, da ich nie Zeit hatte, eine so recht von Herzen anzuschauen, allein in diesem Harren und Schauen nach dem Himmel, namentlich da der gehoffte Weltkörper immer nicht kam, hatte ich Muße genug den Lebenslauf einer Frühlingsnacht zu studiren."

Da aber alles wahr ist, was ich da meinem lieben Freunde Hinze eröffnete, so sehe ich nicht ab, warum ich es nicht auch einem noch liebern Menschenauge eröffnen, dem einst dieses Blatt vorkommen könnte, warum ich nicht sagen sollte, daß mich wirklich ein närrisches und unglückliches Verhängniß an dieses Fenster kettete, und meine Blicke die ganze Nacht in die Lüfte bannte. Es will fast närrisch sein, aber jeder säße auch bei mir hieroben, wenn er vorher das erlebt hätte, was ich.

Die Zeit war zäh, wie Blei.

Leider war ich schon viel zu früh heraufgestiegen, als sich noch das leidige Abendgetümmel der Menschen durch die Gassen schleppte, und eine wunderliche Dissonanz bildete zu dem lieben Monde, der bereits mit rosenrothem Angesichte dort drüben zwischen zwei mächtigen Rauchfängen lag und auf meine zwei Fenster herübergrüßte.

Allmälig puppte sich denn doch alles, was Mensch heißt, in seine Nachthüllen ein, und nur die Rufe der Schlemmer tönten hie und da herauf, wie sie ihren späten Nachtweg nach Hause suchten – dann hob jene Zeit an, die die Philosophen, Dichter und Kater lieben, die Nachtstille – mein vierpfotiger Freund hat eben nicht den übelsten Geschmack für die Zeit seiner Spaziergänge. – Der Mond hatte sich endlich von den Dächern gelöset, und stand hoch im Blau – ein Glänzen und ein Flimmern und ein Leuchten durch den ganzen

Himmel begann, durch alle Wolken schoß Silber, von allen Blechdächern rannen breite Ströme desselben nieder, und an die Blitzableiter, Dachspitzen und Thurmkreuze waren Funken geschleudert. Ein feiner Silberrauch ging über die Dächer der weiten Stadt, wie ein Schleier, der auf den hunderttausend schlummernden Herzen liegt. Der einzige Goldpunkt in dem Meere von Silber war die brennende Lampe drüben in dem Dachstübchen der armen Waschfrau, deren Kind auf den Tod liegt.

So schön das alles war, so wurden doch die Stunden eine nach der andern länger – die Schatten der Schornsteine hatten sich längst umgekehrt, die silberne Mondkugel rollte schon bergab auf der zweiten Hälfte ihres dunklen Bogens – es war die tödtlichste Stille – nur ich und jenes Lämpchen wachten.

Was ich aber suchte, das erschien nicht.

Zweimal schritt Hinze über die Dächer, ohne zu mir zu kommen. Die große Stadt unter mir, in der undeutlichen Magie des Mondlichts schwimmend, lag im tiefsten Schlummer, als sollte man sie athmen hören – aber auch der Himmel an der gesuchten Stelle blieb glänzend einsam, wie er die ganze Nacht gewesen. Ich harrte fort. Es war, als würde es mit jeder Minute lautloser. Der Mond zog sichtlich der zweiten Halbkugel zu; eine Heerde Lämmerwolken, die tief gegen Süden auf der blauen Weide gingen, wurde leise angezündet, und selbst ferne Wolkenbänke, die schon seit Abend unten am Westhimmel schlummerten und sich dehnten – und lange in unsere Nacht hinein die Sonne Amerika's wiedergeschienen hatten, waren erloschen, und glommen nun vom Monde an, und durch ihre Glieder floß ein sanftes, blasses Licht, als regten sie sich leise.

Da schlug es zwei Uhr und Hinze kam. Er war mir in dieser Nacht ordentlich bedeutsam geworden. Es entspann sich das stumme Gespräch mit ihm, das ich Anfangs dieses Blattes berichtete; aber freilich dauerte die Unterhaltung mit ihm nicht lange, da wir Beide des Zwiegesprächs bald müde waren, und jeder zu unserm Geschäfte übergingen: er zu seinem Lustwandeln, ich zu meinem einförmigen Schauen.

Das Lämpchen der Witwe war mittlerweile ausgelöscht worden, dafür fürchtete ich, daß bald eine ganz andere Lampe angezündet werden würde; denn im Osten kroch bereits ein verdächtiges Lichtgrauen herum, als sei es der Morgen; auch die Luft, bisher so warm und todesruhig, machte sich auf; denn ich fühlte es schon zweimal kühl aus Morgen her an mein Gesicht wehen, und das Rauschen der Frühlingsgewässer wurde deutlich von den Bergen herübergetragen.

Da auf einmal, in einem lichten Gürtel des Himmels, den zwei lange Wolkenbänder zwischen sich ließen, war mir's, als schwebe langsam eine dunkle Scheibe – ich griff rasch um das Fernrohr, und schwang es gegen jene Stelle des Firmaments – Sterne, Wolken, Himmelsglanz flatterten durch das Objectiv – ich achtete ihrer nicht, sondern suchte angstvoll mit dem Glase, bis ich plötzlich eine große schwarze Kugel erfaßte und festhielt.

Also ist es richtig, eine Voraussage trifft ein: gegen den zarten weißen Frühhimmel, so schwach roth erst, wie eine Pfirsichblüthe, zeichnete sich eine bedeutend große dunkle Kugel, unmerklich emporschwebend – und unter ihr an unsichtbaren Fäden hängend, im Glase des Rohres zitternd und schwankend, klein wie ein Gedankenstrich am Himmel – das Schiffchen, ein gebogenes Kartenblatt, das drei Menschenleben trägt, und sie noch vor dem Frührothe herabschütteln kann, so naturgemäß, wie aus der Wolke daneben ein Morgentropfen fällt.

Cornelia, armes verblendetes Kind! möge dich Gott retten und schirmen!

Ich mußte das Rohr weglegen; denn es wurde mir immer grauiger, daß ich durchaus die Stricke nicht sehen konnte, mit denen das Schiff am Ballon hing.

Ist nun auch die zweite Thatsache so gewiß, wie die erste; dann lebe wohl, du mein Herz, – dann kanntest du und liebtest du das schönste, großherzigste, leichtsinnigste Weib!!

Ich mußte doch das Rohr wieder nehmen; aber der Ballon war nicht mehr sichtbar, wahrscheinlich hatte ihn das obere jener Wolkenbänder aufgenommen, gegen dessen Grund seine Zeichnung verschwand. Ich wartete, und suchte dann noch lange am Himmel, fand aber nichts mehr.

Mit seltsamen Gefühlen des Unwillens und der Angst legte ich das Fernrohr weg und starrte in die Lüfte, bis endlich eine andere, aber glühende Kugel emporstieg, und ihr strahlendes Licht über die große heitere Stadt ausgoß, und auf meine Fenster, und auf einen ungeheuren, klaren, heitern, leeren Himmel.

2. Tagstück.

Der junge Mann, aus dessen Tagebuche das Vorstehende wörtlich genommen wurde, war ein angehender Künstler, ein Maler, noch nicht völlig zwei und zwanzig Jahre alt, aber seinem Ansehen nach hätte man ihm kaum achtzehn gegeben. Aus einer Fülle blonder Haare, die er noch fast knabenhaft in Locken trug, sah ein unbeschreiblich treuherziges Gesicht heraus, weiß und roth, voll Gesundheit, geziert mit den Erstlingen eines Bartes, den er sehr liebte, und der kindisch trotzig auf der Oberlippe saß, – zwei dunkelblaue schwärmerische Augen unter einer ruhigen Stirn, auf der noch alle Unschuld seiner Kindheit wohnte. Wirklich hatte er auch aus der Einsamkeit des Waldlandes, in dem er erzogen wurde, alle Herzenseinfalt seines Thales und so viel Wissen, als bei seinen Jahren überhaupt möglich ist, in die große lasterhafte Stadt gebracht.

Und so saß er früh nach jener ihm merkwürdigen Nacht, die er oben beschrieb, auf seiner Dachstube, die nach und nach voll warmen Morgenlichts anquoll, rückgelehnt auf die hohe Lehne eines tuchenen, altmodischen Sessels, des unzählige gelbe Nägel im Frühlichte einen gleißenden Sternenbogen um ihn spannten. Die Hände ruhten in dem Schooße, und die Augen schauten auf die leere Leinwand, die vor ihm auf der Staffelei stand, aber sie sannen nicht auf Bilder, sondern in ihrem tiefen, schwermüthigen Feuer stand der Anfang einer Leidenschaft, die düster-selig in dem Herzen anbrannte, und trotzig-schön in das kindliche Antlitz trat – auf dem unbeschriebenen Blatte die ersten Lettern der großen Stadt, der Titel, daß nun ein heißes Leben beginne, voll Seligkeit und Unruhe, aber fernabliegend von der friedlichen Insel seiner Kindheit.

Die Liebe ist ein schöner Engel, aber oft ein schöner Todesengel für das gläubige, betrogne Herz!

7

Sein Nachtgenosse, Hinze, der Kater seiner Miethsfrau, lag auf dem breiten Fenstersimse, und schlief in den Strahlen der Morgensonne. Nicht weit davon auf der Zeichnung eines Cherubs lag das Fernrohr. Unten in den Gassen lärmte bereits die Industrie einer großen Hauptstadt, sorgend für den heutigen Hunger und für die heutige Üppigkeit.

Während nun der Künstler so saß in seiner engen Dachstube, die ihm der Himmel endlich ganz mit Sonnengold angefüllt hatte, begab sich anderswo eine andere Scene: hoch am Firmamente in der Einöde unbegrenzter Lüfte schwebte der Ballon, und führte sein Schiffchen, und die kühnen Menschen darinnen in dem wesenlosen Oceane mit einem sanften Luftstrome westwärts. Rings ausgestorbene Stille, nur zeitweise unterbrochen durch das zarte Knarren des Taffets, wenn der Ostwind an seinen Wänden strich, oder durch ein kaum hörbares Seufzen in dem seidnen Tauwerk. Drei Menschen, ebenfalls im tiefsten Schweigen, saßen in dem Schiffe, bis an's Kinn in dichte Pelze gehüllt, und doppelte grüne Schleier über die Gesichter. Durch einen derselben schimmerten die sanften Umrisse eines schönen blassen Frauenantlitzes mit großen, geistvollen, zagenden Augen – und somit war auch die zweite Thatsache richtig, welche der nächtliche Beobachter der Auffahrt vermuthet hatte. Aber wie sie hier schiffte, war in ihr nicht mehr jene kühne Cornelia zu erkennen, die gleich ihrer römischen Namensschwester erhaben sein wollte über ihr Geschlecht, und gleich den heldenmüthigen Söhnen derselben den Versuch wagen, ob man nicht die Bande der Unterdrückten sprengen möge, und die an sich wenigstens ein Beispiel aufstellen wollte, daß auch ein Weib sich frei erklären könne von den willkürlichen Grenzen, die der harte Mann seit Jahrtausenden um sie gezogen hatte – frei, ohne doch an Tugend und Weiblichkeit etwas zu verlieren. Sie war nicht mehr was sie kaum noch vor einer halben Stunde gewesen; denn alles, alles war anders geworden, als sie sich gedacht hatte.

In frühester Morgendämmerung, um jeder unberufenen Beobachtung zu entgehen, ward die Auffahrt veranstaltet, und mit hochgehobenem Herzen stand die schöne Jungfrau dabei, als der Ballon gefüllt wurde, fast nicht bändigend den klopfenden Busen, und die ahnungsreiche Erwartung der Dinge, die da kommen sollten. Dennoch war es ein banger Augenblick für die umstehenden Theilnehmer, als der unscheinbare Taffet zu einer riesenhaften Kugel anschwoll und die mächtigen Taue straff spannte, mit denen sie an die Erde gebunden war. Seltsame Instrumente und Vorrichtungen wurden gebracht, und in die Fächer des Schiffes geschnallt. Ein schöner großer Mann – sonst war er sanft, fröhlich und wohlgemuth, heute blaß und ernst – ging vielmal um die Maschine herum, und prüfte sie stellenweise um ihre Tüchtigkeit. Endlich fragte er die Jungfrau, ob sie auf ihrem Wunsche beharre, und auf das Ja sah er sie mit einem seltsamen Blicke der Bewunderung an, und führte sie ehrerbietig in das Schiff, bemerkend, daß er ihr nicht mit Wiederholung der Warnungen lästig sein wolle, die er ihr schon vor vierzehn Tagen gemacht, da sie dieselben ohne Zweifel wohl überlegt haben würde. Er wartete noch einige Minuten, und da keine Antwort erfolgte, so stieg auch er ein, und ein alter Mann war der letzte; sie hielt ihn für einen ergrauten, wissenschaftlichen Famulus.

Alle waren sie nun in Bereitschaft, die Maschine in Ordnung. Einen Blick noch that Cornelia auf die Bäume des Gartens, die in's Morgengrau vermummt umherstanden und zusahen – dann erscholl aus dem Munde ihres Begleiters der Ruf: „Nun laßt im Namen Gottes den braven Condor fliegen – lös't die Taue!" Es geschah, und von den tausend unsichtbaren Armen der Luft gefaßt und gedrängt, erzitterte der Riesenbau der Kugel, und schwankte eine Secunde – dann sachte aufsteigend zog er das Schiffchen los vom mütterlichen Grunde der Erde, und mit jedem Athemzuge an Schnelligkeit gewinnend, schoß er endlich pfeilschnell, senkrecht in den Morgenstrom des Lichts empor, und im Momente flogen auch auf seine Wölbung und in das Tauwerk die Flammen der

Morgensonne, daß Cornelia erschrak, und meinte, der ganze Ballon brenne; denn wie glühende Stäbe schnitten sich die Linien der Schnüre aus dem indigoblauen Himmel, und seine Rundung flammte, wie eine riesenhafte Sonne. Die zurücktretende Erde war noch ganz schwarz und unentwirrbar, in Finsterniß verrinnend. Weit im Westen auf einer Nebelbank lag der erblassende Mond.

So schwebten sie höher und höher, immer mehr und mehr an Rundsicht gewinnend. Zwei Herzen, und vielleicht auch das dritte alte, pochten der Größe des Augenblicks entgegen.

Die Erhabenheit begann nun allgemach ihre Pergamente auseinanderzurollen – und der Begriff des Raumes fing an mit seiner Urgewalt zu wirken. Die Schiffenden stiegen eben einem Archipel von Wolken entgegen, die der Erde in demselben Augenblicke ihre Morgenrosen sandten, hier oben aber weiß schimmernde Eisländer waren, in den furchtbar blauen Bächen der Luft schwimmend, und mit Schlünden und Spalten dem Schiffe entgegen starrend. Und wie sie näher kamen, regten und rührten sich die Eisländer als weiße, wallende Nebel. In diesem Augenblicke ging auf der Erde die Sonne auf, und diese Erde wurde wieder weithin sichtbar. Es war noch das gewohnte Mutterantlitz, wie wir es von hohen Bergen sehen, nur lieblich schön erröthend unter dem Strahlennetze der Morgensonne, welche eben auch das Fenster des Dachstübchens vergoldete, in dem der arme junge Meister saß.

„Wie weit, Coloman?" fragte der Luftschiffer.

„Fast Montblanc's Höhe," antwortete der alte Mann, der am andern Ende des Schiffchens saß, „wohl über vierzehntausend Fuß, Mylord."

„Es ist gut."

Cornelia sah bei dieser Rede behutsam über Bord des Schiffes, und tauchte ihre Blicke senkrecht nieder durch den luftigen Abgrund auf die liebe verlassene, nunmehr schimmernde Erde, ob sie etwa bekannte Stellen entdecken möge – aber siehe, alles war fremd und die vertraute Wohnlichkeit derselben war schon nicht mehr sichtbar, und mithin auch nicht die Fäden, die uns an ein theures, kleines Fleckchen binden, das wir Heimath nennen. Wie große Schatten zogen die Wälder gegen den Horizont hinaus – ein wunderliches Bauwerk von Gebirgen, wie wimmelnde Wogen, ging in die Breite, und lief gegen fahle Flecken ab, wahrscheinlich Gefilde. Nur ein Strom war deutlich sichtbar, ein dünner zitternder Silberfaden, wie sie oft im Spätherbste auf dunkler Haide spinnen. Über dem Ganzen schien ein sonderbar gelbes Licht zu schweben.

Wie sie ihre Blicke wieder zurückzog, begegnete sie dem ruhigen Auge des Lords, an dem sie sich erholte. Er stellte eben ein Teleskop zurecht, und befestigte es.

Dieß nun war der Moment, in welchem wir den Ballon trafen, als wir uns aus der Stube des Künstlers entfernten. Er zog, wie wir sagten, mit einem sanften Luftstrome westwärts, ohne weiter zu steigen; denn schon über zwanzig Minuten fiel das Quecksilber in der Röhre gar nicht mehr. Die beiden Männer arbeiteten mit ihren Instrumenten. Cornelia drückte sich tiefer in ihre Gewänder, und in die Ecke ihres Sitzes. Die fließende Luft spielte um ihre Locken, und das Fahrzeug wiegte sich. Von ihrem Herzen gab sie sich keine Rechenschaft.

Die Stille wurde nur unterbrochen durch eintönige Laute der Männer, wie der eine dictirte, der andere schrieb. Am Horizonte tauchten jetzt in nebelhafter Ferne ungeheure schimmernde Schneefelder auf, die sich Cornelia nicht enträthseln konnte. „Es ist das Mittelmeer, verehrtes Fräulein," sagte Coloman; „wir wollen hier nur noch einige Luftproben in unsere Fächer schöpfen und die

Elektricität prüfen; dann sollen Sie den Spiegel noch viel schöner sehen, nicht mehr silbern, sondern wie lauter blitzendes Gold."

Während dessen hatte der junge Luftschiffer eine Phiole mit starkem Kaffe gefüllt, in ungelöschten Kalk gelegt, hatte Wasser auf den Kalk gegossen und so die Flüssigkeit gewärmt; dann goß er etwas Rum dazu und reichte der Jungfrau einen Becher des heißen und erhitzenden Getränkes. Bei der großen Kälte fühlte sie die wohlthätige Wirkung augenblicklich wie neues Leben durch ihre Nerven fließen. Auch die Männer tranken. Dann redeten sie leise und der Jüngere nickte. Hierauf fing der Ältere an, Säcke mit Sand, die im Schiffe standen, über Bord zu leeren. Der Condor wiegte sich in seinem Bade, und wie mit den prächtigen Schwingen seines Namensgenossen hob er sich langsam und feierlich in den höchsten Äther – und hier nun änderte sich die Scene schnell und überwältigend.

Der erste Blick Cornelia's war wieder auf die Erde – diese aber war nicht mehr das wohlbekannte Vaterhaus: in einem fremden goldnen Rauche lodernd, taumelte sie gleichsam zurück, an ihrer äußersten Stirn das Mittelmeer, wie ein schmales, gleißendes Goldband tragend, überschwimmend in unbekannte phantastische Massen. Erschrocken wandte die Jungfrau ihr Auge zurück, als hätte sie ein Ungeheuer erblickt – aber auch um das Schiff herum wallten weithin weiße, dünne, sich dehnende und regende Leichentücher – von der Erde gesehen – Silberschäfchen des Himmels. – Zu diesem Himmel floh nun ihr Blick – aber siehe, er war gar nicht mehr da: das ganze Himmelsgewölbe, die schöne blaue Glocke unserer Erde, war ein ganz schwarzer Abgrund geworden, ohne Maß und Grenze in die Tiefe gehend, – jenes Labsal, das wir unten so gedankenlos genießen, war hier oben völlig verschwunden, die Fülle und Fluth des Lichtes auf der schönen Erde. Wie zum Hohne, wurden alle Sterne sichtbar – winzige, ohnmächtige Goldpunkte, verloren durch die Öde gestreut – und endlich die Sonne, ein drohendes Gestirn, ohne Wärme, ohne Strahlen, eine scharfgeschnittene Scheibe aus wallendem, blähendem, weißgeschmolzenem Metalle: so glotzte sie mit vernichtendem Glanze aus dem Schlunde – und doch nicht einen Hauch des Lichtes festhaltend in diesen wesenlosen Räumen; nur auf dem Ballon und dem Schiffe starrte ein grelles Licht, die Maschine gespenstig von der umgebenden Nacht abhebend und die Gesichter todtenartig zeichnend, wie in einer laterna magica.

Und dennoch – die Phantasie begriff es kaum – dennoch war es unsere zarte, liebe Luft, in der sie schifften – dieselbe Luft, die morgen die Wangen eines Säuglings fächelt. Der Ballon kam, wie der Alte bemerkte, in den obern umgekehrten Passatstrom, und mußte mit fürchterlicher Schnelligkeit dahingehen, was das ungemeine Schiefhängen des Schiffes bewies, und das gewaltige Rütteln und Zerren an dem Taffet, der dessenungeachtet keinen stärkern Laut gab, als das Wimmern eines Kindes; denn auch das Reich des Klanges war hier oben aus – und wenn das Schiff sich von der Sonne wendete, so war nichts, nichts da, als die entsetzlichen Sterne, wie Geister, die bei Tage umgehen.

Jetzt, nach langem Schweigen, thaten sich zwei schneebleiche Lippen auf und sagten furchtsam leise: „Mir schwindelt."

Man hörte sie aber nicht.

Sie schlug nun den Pelz dichter um sich, um den schüttelnden Fieberfrost abzuwehren. Die Männer arbeiteten noch Dinge, die sie gar nicht verstand; nur der junge, schöne, furchtbare Mann, däuchte es ihr, schoß zuweilen einen majestätischen Blick in die großartige Finsterniß und spielte dichterisch mit Gefahr und Größe – an dem Alten war nicht ein einzig Zeichen eines Affectes bemerkbar.

Nach langer, langer Zeit der Vergessenheit neigte der Jüngling doch sein Angesicht gegen die Jungfrau, um nach ihr zu sehen: sie aber schaute mit stillen, wahnsinnigen Augen um sich, und auf ihren Lippen stand ein Tropfen Blut.

„Coloman," rief der Jüngling, so stark er es hier vermochte, „Coloman, wir müssen niedergehen; die Lady ist sehr unwohl."

Der alte Mann stand auf von den Instrumenten und sah hin, es war ein Blick voll strahlenden Zornes, und ein tief entrüstetes Antlitz. Mit überraschend starker Stimme rief er aus: „Ich habe es Dir gesagt, Richard, das Weib erträgt den Himmel nicht – die Unternehmung, die so viel kostete, ist nun unvollendet; eine so schöne Fahrt, die einfachste und ruhigste in meinem ganzen Leben, geht umsonst verloren. Wir müssen freilich nieder, das Weib stirbt sonst hier. Lüfte nur die Klappen."

Nach diesen Worten saß er wieder nieder, klammerte sich an ein Tau und zog die Falten seines Mantels zusammen; der Jüngling aber that einen jähen Zug an einer grünseidnen Schnur – und wie ein Riesenfalke stieß der Condor hundert Klafter senkrecht in der Luft – und sank dann langsamer immer mehr und mehr.

Der Lord hielt die ohnmächtige Cornelia in den Armen.

3. Blumenstück.

Ich weiß nicht, wie viel Zeit seit der Luftfahrt vergangen war, – da war es wieder eines Morgens, ehe kaum der Tag graute, daß der junge Künstler wieder auf dem altmodischen Sessel mit den gelben Nägeln saß und wieder auf die gespannte Leinwand schaute: aber dießmal war sie nicht leer, sondern mit einem großen skizzirten Bilde prangend, das bereits ein schwerer Goldrahmen umfing. Wie Einer, der heißhungrig nach Thaten ist, arbeitete er an dem Bilde, und wer ihn so gesehen hätte, wie er in Selbstvergessenheit die Augen über die gemalte Landschaft strömen ließ, der hätte gemeint, aus ihnen müsse die Wärme und Zärtlichkeit in das Bild geflossen sein, die so unverkennbar und reizend aus demselben traten. Oft ging er einen Schritt zurück, mit klugem Blicke das Ganze prüfend und wägend; dann ward mit leuchtenden Augen die Arbeit fortgesetzt. Es ist ein schöner Anblick, wenn der Engel der Kunst in ein unbewußtes, reizendes Jünglingsantlitz tritt, dasselbe verklärt und es ohne Ahnung des Besitzers so schön und so weit über den Ausdruck des Tages emporhebt. Heller und heller schien die Sonne in das Gemach, und in dieser Stimmung war es, daß ein Diener gegen Mittag ein versiegeltes Blättchen brachte.

Der Jüngling riß es auf. „Gut, ich werde kommen," sagte er, und ein heißes Roth lief auf seine Wangen, der Zeuge eines Gefühls, das er in der tiefsten Falte seines Herzens verborgen wähnte, und in letzter Zeit gar unmuthig und unwillig niedergekämpft hatte.

Der Diener ging – der Jüngling aber malte nun nicht mehr.

Um zehn Uhr des andern Tages, in feines Schwarz gekleidet, den leichten Hut über den blonden vorquellenden Locken, ging er aus der Stadt, die langen, lichten Gassen der Vorstadt entlang, bis er zu dem Eingange eines schönen Landhauses gelangte; dort trat er ein, stieg die breite sommerliche Treppe hinauf und öffnete die Flügelthüren zu einem großen Saale voll Bilder. Hier harrte er und ließ sich melden. Nach einer Zeit that sich eine Thür gegenüber dem Eingange auf, und eine ältliche Frau trat heraus, die ihm sogleich mit mütterlicher Freude die Hand reichte und sie herzlich drückte.

„Gehen Sie nur hinein," sagte sie, „gehen Sie hinein – Sie werden fast mit Angst erwartet. Ach, Gustav, was habe ich gelitten! – Sie hat es wirklich ausgeführt; dann war sie krank – sie muß fürchterliche Dinge gesehen haben, sie muß sehr weit, sehr weit gewesen sein; denn drei Tage und Nächte dauerte die Rückreise. – Seit sie genesen, ist sie gut und sanft, daß es mir oft wunderbar in's Herz geht; aber sie sagt von jener Sache auch nicht ein leises, leises Wörtchen. Gehen Sie nur hinein."

Der Jüngling hatte mit düsterer Miene zugehört; er schwieg und die Miene wurde nur noch düsterer.

Er schritt der Thüre zu, öffnete sie und verschwand hinter derselben. Das Zimmer, in dem er sich nun befand, war groß und mit dem feinsten Sinne eingerichtet. An einem Fenster desselben, mitten in einem Walde fremder Blumen, saß eine junge Dame. Sie war in einem weißen Atlaskleide, dessen sanfter Glanz sich edel abhob von den dunkelgrünen Blättern der Camellien.

Sie war aufgestanden, als der junge Mann eintrat, und ging ihm freundlich entgegen. Eine Gestalt über mittlerer Größe, voll jener hohen Grazie der Vornehmen, aber auch voll jener höheren der Sitte, die den Menschen so schön macht. Ihr Angesicht war geistvoll, blühend, aber heute blaß. Zwei große schwarze Augen schauten dem Künstler aus der Blässe entgegen und grüßten ihn freundlich.

16

Er aber sah es nicht, daß ein leises Ding von Demüthigung oder Krankheit in ihrem Wesen zittere – sein Herz lag gebannt in der Vergangenheit, sein Auge war gedrückt und trotzend.

Einen Moment war Stille.

„Wir haben uns lange nicht gesehen," sagte sie weich; „ich war auch ein wenig krank."

Er sagte auf ihre Anrede nichts, sondern verbeugte sich nur.

„Sie waren immer wohl?" fragte sie.

„Ich war wohl," antwortete er.

Ein großer, verwundernder Blick flog auf ihn – aber sie sagte nichts, sondern ging gegen die Camellien, wo eine Staffelei stand, rückte dort etwas, dem kein Rücken Noth that; stellte etwas zurechte, das ohnedies recht stand; sah in die grünen Pflanzenblätter, als suche sie etwas – und kam dann wieder zurück. Er stand indessen auf demselben Flecke, wie Einer, der Befehle erwartet den Hut in der Hand, und seinen Ort nicht um die Breite eines Haares verrückend.

Die Dame athmete und fragte dann endlich sich zwingend noch sanfter: „Dachten Sie wohl auch die Zeit her an uns?"

„Ich dachte oft," sagte er mit unbefangener Stimme, „an Sie und an unsere Studien. Jetzt werden wohl die Farben auf dem Bilde gar zu sehr verdorrt sein."

Nun aber ward sie purpurroth und stieß heiß heraus: „Malen wir."

Das Roth des Antlitzes war im raschen Umwenden ihrer Gestalt nur hinter den Schläfen sichtbar geworden, und den tiefen

Unmuthsblitz des Auges hatte nur der Spiegel aufgefangen. Es war ganz deutlich, und schon ihr Anzug hatte es gezeigt, daß sie nicht hatte malen wollen: aber wie er nun den Hut abgelegt, an die Staffelei getreten, dort ein Fach geöffnet, Malergeräthe herausgenommen und stehend die Farben auf die Palette gestellt – und wie sie allem dem mit großem schweigendem Auge zugesehen hatte – und wie er ihr die Palette artig reichte: so drückte sie rasch den einen Ärmel ihres Atlasgewandes zusammen, empfing die Palette und setzte sich mit unsäglichem Stolze nieder.

Er stand hinter ihr, auf dem Antlitze nicht einen Hauch von Erregung zeigend.

Das Malen begann. Die ältliche Frau, die Amme der jungen Dame, ging zeitweise ab und zu.

Der junge Mann, als Lehrer, begann mit klarer Stimme kühl und ruhig die Beurtheilung des bereits auf der Leinwand Vorhandenen, und that dieses Geschäft lobender und kürzer, als sonst; dann gab er den Plan für das, was nun dem Bilde zunächst Noth thue; er nannte die erforderlichen Töne und die Farben, aus denen sie zu mischen seien.

Sie nahm und mischte.

„Gut" sagte er. Die Töne wurden nun in einem Bogen auf der Palette neben einander aufgestellt – das Malen begann und das Zimmer war todtenstill; nur, wie eine Grotte durch fallende Tropfen, so ward es durch die gelegentlichen Worte unterbrochen: „gut – wärmer - tiefer -". Nach und nach tönte auch dieß nicht mehr; mit dem langen Stiele des Pinsels zeigte er, was zu verbinden war, was zu trennen; oder er setzte plötzlich ein Lichtchen oder einen Drucker hin, wo es Noth that und sie es nicht wagte.

Was er gewollt, hatte er erreicht; aber wer ihn nun gesehen hätte, wie er sein schönes Antlitz hinter ihrem Rücken einsam emporhob, der hätte den leisen heißen Schmerz bemerkt, der in demselben schwamm – aber sie sah sich nicht um, und sonst waren rings nur die blinden Wände.

Wie so oft der Geist des Zwiespalts zwischen Menschen tritt, anfangs als ein so kleines, wesenloses Ding, daß sie es nicht sehen, oder nicht werth halten es mit einem Hauch des Mundes, mit einer Falte des Gewandes wegzufegen – wie es dann heimlich wächst, und endlich als unangreifbarer Riese wolkig, dunkel zwischen ihnen steht: so war es auch hier. Einstens, ja in einem schönen Traume war es ihm gewesen, als zittre auch in ihr der Anfang jenes heißen Wesens, das so dunkel über seiner Seele lag, einstens in einem schönen Traume; aber dann war ihr Stolz wieder da, ihr Freiheitsstreben, ihr Wagen – alles, alles so ganz anders, als ihm sein schüchtern wachsendes, schwellendes Herz sagte, daß es sein solle – so ganz anders, ganz anders, daß er plötzlich knirschend Alles hinter sich geworfen, und nun dastand, wie Einer, der verachtet – und wie sie immer fortmalte und auch nicht eine Seitenbewegung ihres Hauptes machte, und auch nicht ein Wort sagte: da preßte er die Zähne seines Mundes auf einander und dachte, er hasse dieses Weib recht inbrünstiglich! – Und wie Stunde um Stunde des Vormittags floß, – wie er ihren Athem hörte, und wie doch keine Sekunde etwas Anderes brachte, als immer dasselbe Bild: – da wurde es schwül im Zimmer, und auf einmal – er wußte nicht warum – trat er an das Fenster und sah hinaus. Es war draußen still, wie drinnen; ein traurig blauer Himmel zog über reglose grüne Bäume – der Jüngling meinte, er ringe mit einer Riesenschlange, um sie zu zerdrücken. Plötzlich war es, als höre er hinter sich einen dumpfen Ton, wie wenn etwas niedergelegt würde – er sah um: wirklich waren Palette und Malerstab weggelegt, und die Jungfrau saß im Stuhle rückgelehnt, die beiden Hände fest vor ihr Antlitz drückend. Einen Moment schaute er auf sie und begann zu beben; – dann ging er leise näher – sie regte sich nicht – dann noch näher – sie regte sich nicht – er hielt den Athem an, er sah auf die schönen Finger, die sich gegen die Blüthe des Antlitzes drückten – und da sah er endlich, wie quellend Wasser zwischen ihnen vordrang – mit Eins lag er auf seinen Knieen vor ihr. Man erzählt von einer fabelhaften Blume der Wüste, die jahrelang ein starres Kraut war, aber in einer Nacht bricht sie in Blüthen auf, sie erschrickt und schauert in der eigenen Seligkeit – so war's hier: mit Angst suchte er unter ihren Händen empor in ihr Angesicht zu schauen; allein er konnte es nicht sehen, – er suchte sanft den Arm zu fassen, um ihre eine Hand herabzuziehen; – allein sie ließ den Arm nicht. Da preßten seine Lippen das heiße Wort heraus: „Liebe, theure Cornelia!"

Sie drückte ihre Hände nur noch fester gegen das Gesicht, und nur noch heißer und nur noch reichlicher flossen die Thränen hervor.

Ihm aber – – wie war ihm denn? Angst des Todes war es über diese Thränen, und dennoch rollte jede wie eine Perle jauchzenden Entzückens über sein Herz – – wo ist die Schlange am Fenster hin? wo der drückende blaue Himmel? – Ein lachendes Gewölbe sprang über die Welt, und die grünen Bäume wiegten ein Meer von Glanz und Schimmer!

Er hatte noch immer ihren Arm gefaßt aber er suchte nicht mehr ihn herabzuziehen – sie ward ruhiger – endlich stille. Ohne das Antlitz zu enthüllen, sagte sie leise: „Sie haben mir einst über mein den Männern nachgebildetes Leben ein Freundeswort gesagt, …"

„Lassen wir das," unterbrach er sie, „es war Thorheit, Anmaßung von mir …"

„Nein, nein," sagte sie, „ich muß reden, ich muß Ihnen sagen, daß es anders werden wird – – ach, ich bin doch nur ein armes, schwaches Weib, wie schwach, wie arm selbst gegen jenen greisen hinfälligen Mann – – sie erträgt den Himmel nicht! – – "

Hier stockte sie, und wieder wollten Thränen kommen. Der Jüngling zog nun ihre Hände herab; sie folgte, aber der erste Blick den sie auf ihn that, machte sie erschrecken, daß plötzlich die Thränen stockten. Wie war er verwandelt! Aus den Locken des Knaben schaute ein gespanntes, ernstes Männerantlitz empor, schimmernd in dem fremden Glanze des tiefsten Fühlens; – aber auch sie war anders: in den stolzen dunklen Sonnen lag ein Blick der tiefsten Demuth, und diese demüthigen Sonnen hafteten beide auf ihm, und so weich, so liebreich wie nie – – hingegeben, hilflos, willenlos – sie sahen sich sprachlos an – die heiße Lohe des Gefühles wehte – das Herz war ohnmächtig – ein leises Ansichziehen – ein sanftes Folgen – und die Lippen schmolzen heiß zusammen, nur noch ein unbestimmter Laut der Stimme – und der seligste Augenblick zweier Menschenleben war gekommen, und – vorüber.

Der Kranz aus Gold und Ebenholz um ihre Häupter hatte sich gelöset, der Funke war gesprungen, und sie beugten sich auseinander – aber die Häupter blickten sich nun nicht an, sondern sahen zur Erde und waren stumm.

Nach langer, langer Pause wagte der Jüngling zuerst ein Wort, und sagte gedämpft: „Cornelia, was soll nun dieser Augenblick bedeuten?"

„Das Höchste, was er kann," erwiederte sie stolz und leise.

„Wohl, er ist das schönste, was mir Gott in meinem Leben vorgezeichnet," sagte er, „aber hinter der großen Seligkeit ist mir jetzt, als stände ein großer langer Schmerz – Cornelia – wie werde ich diesen Augenblick vergessen lernen?!"

„Um Gott nicht," sagte sie erschrocken, „Gustav, lieber, einziger Freund, den allein ich auf dieser weiten Erde hatte, als ich mich verblendet über mein Geschlecht erheben wollte – wir wollen ihn auch nicht vergessen; ich müßte mich hassen, wenn ich es je könnte. – Und auch Sie, bewahren Sie mir in Liebe und Wahrheit Ihr großes, schönes Herz."

Er schlug nun plötzlich die Augen zu ihr auf, erhob sich von dem Sitze, trat vor sie, ordentlich höher geworden, wie ein starker Mann, und rief: „Vielleicht ist dieses Herz reicher, als ich selber weiß; eben kommt ihm ein Entschluß, der mich selber überrascht, aber er ist gut: meine vorgenommene Reise trete ich sogleich, und zwar morgen schon an. – Ich kann noch an das neue Glück nicht glauben – ist es etwa nur ein Moment, ein Blitz, in dem zwei Herzen sich begegneten, und ist es dann wieder Nacht? Laß uns nun sehen, was diese Herzen sind. Verloren kann diese Minute nie sein, aber was sie bringen wird!? Sie bringe, was sie muß und kann – und so gewiß eine Sonne draußen steht, so gewiß wird sie eines Tages die Frucht der heutigen Blume beleuchten, sie sei so oder so – – – ich weiß nur eines, daß draußen eine andere Welt ist, andere Bäume, andere Lüfte – und ich ein anderer Mensch. O Cornelia, hilf mir's sagen, welch' ein wundervoller Sternenhimmel in meinem Herzen ist, so selig, leuchtend, glänzend, als sollt ich ihn in Schöpfungen ausströmen, so groß, als das Universum selbst, – aber ach, ich kann es nicht, ich kann ja nicht einmal sagen, wie grenzenlos, wie unaussprechlich, und wie ewig ich Sie liebe, und lieben will, so lange nur eine Faser dieses Herzens halten mag."

Cornelia war im höchsten Grade erstaunt über den Jüngling und seine Sprache. – Sie war mit ihm in gleichem Alter, aber sie war eine aufgeblühte volle Blume, er konnte zu Zeiten fast noch ein Knabe heißen. – Bewußt oder unbewußt hatte sie die Liebe vorzeitig aus ihm gelockt – in einer Minute war er ein Mann geworden; er wurde vor ihren Augen immer schöner, wie Seele und Liebe in sein Gesicht trat, und sie sah ihn mit Entzücken an, wie er vor ihr stand, so schön, so kräftig, schimmernd schon von künftigem Geistesleben und künftiger Geistesgröße, und doch unschuldig, wie ein Knabe, und unbewußt der göttlichen Flamme, Genie, die um seine Scheitel spielte.

Seele kann nur Seele lieben, und Genie nur Genie entzünden.

Cornelia war nun auch aufgestanden, sie hatte ihre schönen Augen zu ihm emporgeschlagen, und alles, was je gut und edel und schön war in ihrem Leben, die unbegrenzte Fülle eines guten Herzens lag in ihrem Lächeln, und sie wußte es nicht, und meinte zu arm zu sein, um dieses Herz lohnen zu können, das sich da vor ihr entfaltete. Er aber versprach sich in diesem Momente innerlich, daß er ringen wolle, so lange ein Hauch des Lebens in ihm sei, bis er geistesgroß und thatengroß vor allen Menschen der Welt dastehe, um ihr nur vergelten zu können, daß sie ihr herrlich Leben an ihn hingebe für kein anderes Pfand, als für sein Herz.

Sie waren mittlerweile an das Fenster getreten, und so sehr jedes innerlich sprach, so stumm, und so befangener wurden sie äußerlich.

Es ist seltsam, wie das Gemüth in seiner Unschuld ist: wenn der erste Wonnesturz der ersten Liebe auf dasselbe fällt, und nun vorüber ist, – so ist der erste Eindruck der, zu fliehen, selbst vor der Geliebten zu fliehen, um die stumme Übermacht in's Einsame zu tragen.

So standen auch die Beiden an dem Fenster, so nahe aneinander, und doch so fern. Da trat die Amme ein, und gab Beide sich selbst wieder. Er vermochte es, von seiner Reise und von seinen Planen zu sprechen, und als die Amme sagte, er möge doch auch schreiben, und die Gebirge und Wälder und Quellen so schön beschreiben, wie er oft auf Spaziergängen gethan habe, – da streifte sein Blick scheu auf Cornelia, und er sah, wie sie erröthete.

Als endlich die Amme wieder abgerufen wurde, nahm auch er sachte seinen Hut, und sagte: „Cornelia, leben Sie wohl!"

23

„Reisen Sie recht glücklich," antwortete sie, und setzte hinzu: „Schreiben Sie einmal."

Sie hatte nicht mehr den Muth, nur noch mit einem Worte die vergangene Scene zu berühren. Sie getraute sich nicht zu bitten, daß er die Reise aufschiebe, und er nicht zu sagen, daß er lieber hier bliebe, und so gingen sie auseinander, nur daß er unter der Thür noch einmal umblickte, und die liebe theure Gestalt schamvoll neben den Blumen stehen sah.

Als er aber draußen war, eilte sie rasch vor ihr Marienbild, sank vor demselben auf die Kniee, und sagte: „Mutter der Gnaden, Mutter der Waisen, höre mein Gelübde: ein demüthig schlechtes Blümchen will ich hinfort sein und bleiben, das er mit Freuden an sein schönes Künstlerherz stecke, damit er dann wisse, wie unsäglich ich ihn liebe und ewig lieben werde."

Und wieder flossen ihre Thränen, aber es waren linde, warme und selige.

So trennten sich zum erstenmal zwei Menschen, die sich gefunden. Wer weiß es, was die Zukunft bringen wird? Beide sind sie unschuldige, überraschte Herzen, Beider glühendster, einzigster Entschluß ist es, das Äußerste zu wagen, um nur einander werth zu sein, um nur sich zu besitzen, immerfort in Ewigkeit und Ewigkeit.

Ach, ihr Armen, kennt ihr denn die Herrlichkeit, und kennt ihr denn die Tücke des menschlichen Herzens?

4. Fruchtstück.

Manches Jahr war seit dem Obigen verflossen, allein es liegt nichts davon vor. – Welch' ein Glühen, welch' ein Kämpfen zwischen Beiden war, wer weiß es? Nur ein ganz kleines Bild aus späterer Zeit ist noch da, welches ich gerne gebe.

Vor einigen Jahren war ich in Paris, und hörte einmal zufällig beim Restaurateur einem heftigen Streite zu, der sich über den Vorzug zweier Bilder erhob, die eben auf der Ausstellung waren. Wie es zu gehen pflegt, einer pries das erste, der andere das zweite, aber darin waren Alle einig, daß die neue Zeit nichts dem Ähnliches gesehen habe, und was die ganze Welt nur noch mehr reizte, war, daß kein Mensch wußte, von wem die Bilder seien.

„Ich kenne den Künstler," rief ein langer Herr, „es ist derselbe blasse Mann, der vorigen Sommer so oft auf dem Thurme von Notre-Dame war, und so viel schwieg. Er soll jetzt in Südamerika sein."

„Das Bild ist von Mousard," sagte ein Anderer, „er will nur die Welt äffen."

„Ja, das malt einmal Mousard," schrie ein Dritter, „die Gemälde sind darum mit einem falschen Namen versehen, sage ich, weil sie von einer hohen Hand sind."

Einige lachten, Andere schrieen, und so ging es fort, ich aber begab mich vom Restaurateur auf den Salon, um diese gepriesenen Stücke zu sehen. Ich fand sie leicht, und in der That, sie machten mich eben so betroffen, wie die Andern, die neben mir standen. Es waren zwei Mondbilder – nein, keine Mondbilder, sondern wirkliche Mondnächte, aber so dichterisch, so gehaucht, so trunken, wie ich nie solche gesehen. Immer stand eine gedrängte Gruppe davor, und es war merkwürdig, wie selbst dem Munde der untersten Klassen ein Ruf des Entzückens entfuhr, wenn sie dieselben erblickten, und von dieser Natur getroffen wurden. Das erste war eine große Stadt von oben gesehen, mit einem Gewimmel von Häusern, Thürmen, Kathedralen, im Mondlichte schwimmend – das zweite eine Flußpartie in einer schwülen, elektrischen, wolkigen Sommermondnacht.

„Gustav R… aus Deutschland," stand im Kataloge, und man kann denken, welche Reihe von Erinnerungen plötzlich in mir aufzuckten, als ich „Gustav" las – ich kannte nun den Künstler sehr wohl. – Also auf diese Weise, dachte ich, ist dein Herz in Erfüllung gegangen, und hat sich deine Liebe entfaltet! Armer, getäuschter Mann! – Auch das werden unsere Leser verstehen, was sich damals ganz Paris als eine Seltsamkeit und Künstlerlaune erzählte, daß nämlich auf jedem Bilde eine Katze vorkomme – der ehrliche gute Hinze.

Ich blieb fast bis zum Schlusse, und sah nun auch die andern Bilder an. Als ich auf meinem Rückwege durch die Säle wieder an den zwei Gemälden vorüberkam, bemerkte ich, wie ein Galleriediener einer Dame, die davor stand, bedeutete, daß sie gehen müsse, weil geschlossen werde. Die Dame zögerte noch einen Moment, dann lös'te sie ihr Auge von den Gemälden, und wandte sich zum Gehen – nie wurde ich von zwei schöneren Augen getroffen – sie ließ den Schleier überfallen und ging davon.

Ich konnte damals nicht ahnen, wer sie war, und erst heute nach einer Reihe von Jahren vermag ich zu berichten, daß die Dame nach jenem Besuche in dem Salon nach ihrem Hause in der Straße St. Honore fuhr, daß sie dort in ihrem Schlafgemache die Fenstervorhänge niederließ, die Hände über ihrem Haupte zusammenschlug, und dann ihr Angesicht tief in die Kissen des Sofa's drückte. Wie zuckte in ihrem Gehirne all das leise Flimmern und Leuchten dieser unschuldigen, keuschen Bilder gleichsam leise, leise Vorwürfe einer Seele, die da schweigt, aber mit Lichtstrahlen redet, die tiefer dringen, die immer da sind, immer leuchten, und nie verklingen, wie der Ton!

Paris wußte es nicht, als jenes Tages seine gefeiertste Schönheit in keinem der Zirkel erschien, die Schönheit, welche tausend Herzen entzündete, und mit tausenden spielte – Paris wußte es nicht, daß sie zu Hause in ihrem verdunkelten Zimmer sitze, und hilflos siedende Thränen über ihre Wangen rollen lasse, Thränen, die ihr fast das lechzende Herz zerdrücken wollten; – aber es war vergebens, vergebens! Gelassen und kalt stand die Macht des Geschehenen vor ihrer Seele, und war nie und nimmermehr zu beugen – und fern, fern von ihr in den Urgebirgen der Cordilleren wandelte ein unbekannter, starker, verachtender Mensch, um dort neue Himmel für sein wallendes, schaffendes, dürstendes, schuldlos gebliebenes Herz zu suchen.

Anmerkungen zu dem Condor.

Es wurde im zweiten Kapitel gesagt, daß den Luftschiffern die Erde in goldnem Rauche erschien, daß die Sterne sichtbar wurden, und daß der beleuchtete Ballon in schwarzem finsterm Rauche hing.

Für Nichtphysiker diene folgende kleine Erklärung:

1. Da das von der beleuchteten Erde allseitig in die Luft geworfene Licht blau reflektirt wird, so ist das hinausgehende (nach der Optik) das complementäre Orange, daher die Erde, von außen gesehen, golden erscheint, wie die andern Sterne.

2. Das Licht selbst ist nicht sichtbar, sondern nur die von ihm getroffenen Flächen, daher der gegenstandlose Raum schwarz ist. Das Licht ist nur auf den Welten, nicht zwischen denselben erkennbar. Wäre unsere Erde von keiner Luft umgeben, so stände die Sonne als scharfe Scheibe in völligem Schwarz.

3. Daß wir am Tage keine Sterne sehen, rührt von dem Lichtglanze, den alle Objecte in's Auge senden; wo dieser abgehalten wird, wie z. B. in tiefen Brunnen, erscheinen uns auch die Sterne am Tage.